Vente du Vendredi 2 Février 1883

HOTEL DROUOT, SALLE N° 3

A DEUX HEURES

Pour cause de Cessation de commerce de M. MEYER

TABLEAUX

MODERNES

EXPOSITION PUBLIQUE

Le Jeudi 1er Février 1883, de une heure à cinq heures

M⁰ Henri LECHAT   M. L. MEYER

COMMISSAIRE-PRISEUR   EXPERT

rue Baudin, 6 (square Montholon)   Rue Colbert

PARIS — 1883

Vᵉ RENOU, MAULDE et COCK

IMPRIMEURS DE LA COMPAGNIE DES COMMISSAIRES-PRISEURS

Rue de Rivoli, 144.

CATALOGUE

DE

TABLEAUX MODERNES

PAR

César de Cock, Chéréméteff, Couture (T.)

Corot, Dreux (A. de), Daubigny

Diaz (N.), Frère (Th.), Gegerfelt (W. de), Isabey, Jacque (Ch.)

Jonkind, Kuwasseg, Paal (L. de), Pasini

Veyrassat, Washington

DONT LA VENTE AUX ENCHÈRES PUBLIQUES AURA LIEU

POUR CAUSE DE CESSATION DE COMMERCE DE M. MEYER

HOTEL DROUOT

SALLE N° 3

Le Vendredi 2 Février 1883

A DEUX HEURES

Par le ministère de M⁰ **HENRI LECHAT**, Commissaire-Priseur,
rue Baudin, 6 (square Montholon),
Assisté de **M. L. MEYER**, Expert, à Bois-Colombes,
CHEZ LESQUELS ON DÉLIVRE LE CATALOGUE

EXPOSITION PUBLIQUE

Le Jeudi 1ᵉʳ Février 1883, de une heure à cinq heures.

PARIS — 1883

CONDITIONS DE LA VENTE

Elle sera faite au comptant.

Les Acquéreurs paieront CINQ POUR CENT, en sus des enchères, applicables aux frais.

AUFRAY

1 — Femme à la cigarette.

BEAUMONT (Édouard de)

2 — Au jeu comme à l'amour, le roi emporte la dame.

BOUSSETON (A.)

3 — Amazone au repos.

CÉSAR DE COCK

4 — Bruyères à Sèvres.

COUTURE (T.)

5 — Chasseur de Vincennes.

COUTURE (T.)

6 — Volontaire de 1793.

COUTURE (T.)

7 — Tête d'homme.

Dessin.

COUTURE (D'après)

8 — Tête d'Italienne.

— 5 —

COROT

9 — Paysage.

COROT

10 — Les Danseuses.

Tableau retouché.

COROT (Attribué à)

11 — Paysage.

COROT (Attribué à)

12 — Ruisseau.

COROT

13 — Paysage.

Dessin.

CASIKI (A.)

14 — Bords de la Seine.

CHAPUIS

15 — Paysage.

CHÉRÉMÉTEFF

16 — Fleurs.

DREUX (A. DE)

17 — Chasse.

DREUX (A. DE)

18 — Chasse.

DREUX (A. DE)

19 — Amazones.

Esquisse.

DREUX (D'après)

20 — Chasse.

DAUBIGNY

21 — Paysage.

DIAZ (N.)

22 — Les Laveuses.

DIAZ (N.)

23 — Mendiants.

DIAZ (N.)

24 — Fleurs.

DIAZ (N.)

25 — Paysage à Barbizon.

FRÈRE (Th.)

26 — Égypte.

GEGERFELT (Wilhelm de)

27 — Vue de Hollande.

GEGERFELT (Wilhelm de)

28 — Bords de la Touque.

GEGERFELT (Wilhelm de)

29 — La Mare.

GEGERFELT (Wilhelm de)

30 — Venise.

GEGERFELT (Wilhelm de)

31 — Étretat.

GEGERFELT (Wilhelm de)

32 — Paysage.

GEGERFELT (Wilhelm de)

33 — Villerville.

GEGERFELT (Wilhelm de)

34 — Les Ruches.

GEGERFELT (Wilhelm de)

35 — Effet de neige.

GEGERFELT (Wilhelm de)

36 — Vue de Venise.

GEGERFELT (Wilhelm de)

37 — Effet de neige.

GEGERFELT (Wilhelm de)

38 — Effet de neige.

GEGERFELT (Wilhelm de)

39 — Effet de neige.

GEGERFELT (Wilhelm de)

40 — Effet de neige.

GEGERFELT (Wilhelm de)

41 — Paysage.

HAANEN

42 — Avant l'orage.

HENNEZEL (D')

43 — Les Rieurs.

ISABEY

44 — Arrivée de la diligence.

JACQUE (Charles)

45 — Paysage avec moutons.

JONKIND

46 — Clair de lune.

JONKIND (Attribué à)

47 — Marine.

KUWASSEG

48 — Vue de Suisse.

KUWASSEG

49 — Vue de Suisse.

KUWASSEG

50 — Village.

LOIRE (Léon)

51 — Le Bain.

Salon de 1861.

PAAL (L. de)

52 — Forêt de Fontainebleau.

PAAL (L. de)

53 — Paysage.

PAAL (L. DE)

54 — Village sous bois.

PAAL (L. DE)

55 — Village en Norwège.

PAAL (L. DE)

56 — Village en Norwège.

PAAL (L. DE)

57 — Jardin potager.

PAAL (L. DE)

58 — La Mare.

PAAL (L. E

59 — Paysage.

PAAL (L. DE

60 — Village en Norwège.

PASINI

61 — Passage du gué.

PLÉE (Léon)

62 — Nature morte.

RIBARZ

63 — Départ pour le marché.

RIBARZ

64 — Moulin.

RIBARZ

65 — Bords de ruisseau.

RIBARZ

66 — Cabanes de pêcheurs.

RIBARZ

67 — Vue de Hollande.

RIBARZ

68 — Bucy.

ROUSSEAU (Attribué à Th.)

69 — Soleil couchant.

SCHOLL

70 — Le Modèle.

SOYER

71 — Déjeuner des lapins.

VEYRASSAT

72 — La Moisson.

WASHINGTON

73 — La Halte.

WASHINGTON

74 — La Halle.

INCONNUS

75 — Étude de cheval.

76 — Étude de taureau.

77 — Étude de bœuf.

78 — La Musique.

79 — Les Trois Grâces.

80 — Étude.

81 — Paysage ancien.

82 — Femme dans un bois.

83 — Deux Tableaux anciens formant dessus de porte.

84 — Un Tableau ancien.

---

85 — Sous ce numéro. quatre Cadres en bois sculptés. plusieurs Bronzes de Barrye et de Mène.

Vᵉ Renou, Maulde et Cock, imprs de la Compagnie des Commissaires-Priseurs, rue de Rivoli 144.